Umschlaggestaltung und Farbfotos im Buch aus der Serie „Rosty Cans" - Büchsenkunst aus der Wüste
handmade by Elvana Indergand
Fotos : Archiv Elvana Indergand
Titelauswahl: Dem Song von Bob Dylan entliehen

Elvana Indergand

Times are gonna changin`

(Bob Dylan)

Gedichte

Bibliografische Information der Deutschen Nationalbibliothek. Die Deutsche Nationalbibliothek verzeichnet diese Publikation in der Deutschen Nationalbibliothek; detaillierte bibliografische Daten sind im Internet über

http://dnb.dob.de abrufbar

*

© 2016 Elvana Indergand

Herstellung und Verlag
BoD – Books on Demand Norderstedt
ISBN 9783741256325

Mund Art

Die lange Schätte uf em Puderzucker
zoberscht zringelum
d'Granium im letschte Saft und Bluescht
d'Mueter mit em Bäsen i der Hand
wüscht de Räschte Summer ab de Stäge
Ich bi ready to take off de Wärmi zue
Aber wohii
Du söttsch de Süde si

Elvana Indergand

1968

Leise, leise wacht mein Frühling
auf vor hungrigen Augen
Ich will zugreifen und muss erfahren
Der Sommer des Müssens ist Start in
den Leerlauf

Der Kindheit schützender Mantel fiel zu
Boden und nackt stehe ich im
reissenden Strom
Genormtes und Wunschtraum in mir
längst im Streit

Wirres Gestrüpp wächst zum Himmel
der Illusionen zehrt vom Dünger nicht
erlebter Abenteuer
Doch zwischen Dornen und Kletten
entdecke ich die Blume Leben

Dein Gesicht lacht aus der Khakiuniform
eingerahmt in Glas ist Wurzel
anschwellender Fantasien erweckt
Jagdtrieb und Eva barfuss durchs
Paradies sucht sich einen Apfel aus

Vom Halbschatten umschlossen Dantes
Göttliche Komödie mit mir allein
Beatrice führt mich hinauf in die
gleissende Ewigkeit und der Baum der
Erkenntnis zum Greifen nah

Aber sie lässt mich fallen siebt mich aus
zu jung befunden lässt mich hängen am
Rande des Infernos
Die Lust im Genick wirre Träume vor
Augen

Die halbe Zukunft in ein paar Sätzen
Anfang und Ende die Pfeile noch im

Köcher indes der Atlantik Westindien
umspült und Frachter über seinen
Rücken gleiten lässt

Seeleute schrubben das Deck und
verfluchen die zweimonatige Sexsperre
Der Kapitän schiesst sich eine Kugel in
den Kopf nicht deshalb Ich weiss davon
nichts

liege im Gras sehe uns in warmem Sand
und spanne leise den Bogen
Du kommst ich schmelze aber du auch
Das Telefon klingelt und dein Urlaub ist
zu Ende

Abschied zwischen Eisenbahnschienen
erdürstet die aufgekeimten Saaten
blockiert meine Sinne Salz aus nassen
Augen flügellahmer brauner Vogel auf
Perron Nummer Neun

Rotterdam Schuppen Fünf telegrafierte
Liebe fällt wie ein Mehlsack in die Mole

ungenutzte Kreise ziehend die sich
verflachen und ausschwingen nach
Hoffnung auf deine Stimme

abprallen an der Monotonie des
Wartens sitzend am Boden wickle ich
das Seemannsgarn zu einem dicken
Knäuel auf
Liebe frage ich mich

Wie ein Lot pendelt mein Gedicht nach
unten und sucht eine Linie
Ich bin Eva und Neunzehn
Wie weiss ich
Ob das Liebe ist

was viereckig und blutrot in die
P.O.Boxes fällt entlang Afrikas Küsten
Später wenn die Fahne umschlägt
mir ins Gesicht
sind es lastende Beweise

Des Sommers Regengüsse verwandeln
mein Haar und das Gras das ich zertrete
richtet sich hinter mir wieder auf
Wasser von meinem Haupte fliesst ins
Meer das dich nach Kapstadt trägt

Deine Augen grün wie das Meer
verloren in den Meinen
Chlorophyll
in den Augen veränderbar
mit den Jahreszeiten

Warten heisst es nun ausgelaugt nach
Monaten verhungerte Sehnsucht bereit
ein Stück Seele preiszugeben
Das Meer zwischen dir und mir
ein Faden

Sag es mir
wenn du es weißt
was zieht uns an

Sind es die Knospen meines Frühlings
Ist es dein roter Wein
Gereifter Jahrgang

Und wenn du sprichst
vergiss nicht das
was uns trennen wird

Dein Schrei zu den Wolken
die mich tragen
nützt dann nichts mehr

Aber noch kenne ich mich nicht
sage du mir
was du siehst

Ich vermisse deine Hände
unaufgefordert in meinem Haar

und meine Worte sprechen nicht aus
was ich denke

Leise schwinden die hochgeschraubten
Gefühle

Versprechen hängen
leer im Raum

Und während ein frischer Wind versucht
Wellen zu schlagen

Balanciert die Goldwaage mein Herz und
neigt sich gegen Abend

Wieder da
du bist da
so sehr
dass ich dich lassen muss
fern von mir
warst du Frühling
in unsere Nächte eingeflochten
Töne aus Lissabon
Das Mädchen in deinen Armen
Neuland
Ein trauriger Fado
Kein Rahmen um mein Gedicht
Worte suchen entschwundene Gefühle
in frischen Saaten
Dein schönes Lachen straft dich Lügen
und deine Hände sind weich wie Flocken
von Schnee doch
Meine Augen sind leer
Die Ohren taub
Hitze zerbröckelt den grauen Schiefer
am Südhang
Nur meine Füsse machen noch mit

Erkannte Fehler lassen Leidenschaften
erstarren zu Stein und der sonnige
Morgen ist wie Blei in meinem
einundzwanzigsten Jahr
Ich gehe fort und bleibe
Mein Schatten ist noch zu hoch
Ein anderer Tag wird kommen und ich
springe darüber auf der Suche
nach neuen Rätsels Lösungen

Ich ziehe mich aus vor dir mein Gedicht
und viele Blätter wird es brauchen
meine Blösse zu bedecken
Ich bereite kein Lager aus fünfhundert
Rosenblüten die Tränen fliessen nicht
ins Meer erstarren zu Glas bevor sie
fallen es bleibt ein Salzfleck auf der
Wolle vom Schaf
Geschoren in der Hochzeitsnacht

Du schaust zurück und siehst kein
Morgen derweil ich meine Augen vor
dem Gestern verschliesse
Deine Erfahrung und mein Nichtwissen
sprengen die Gegenwart und
der Sturm des Erwachens zerreisst die
Segel kaum gehisst

Doch auch in diesem Frühling fliegt mir
die Welt um die Ohren laugt der Föhn
die schmutzig gelben Hügel aus
Der Sommer dreht sich im Kreis und ein
Herbst öffnet die Schleusen und Asche
regnet aus tausend Mäulern

Neunzehnhundertachtundsechzig nun
Doch es bedeutet mir nichts
Ich habe meine eigene Revolution
Ring aus weissem Gold

Derweil verschiebt Politik die Geschichte
und Mila meine Freundin wird bald den
ersten Sohn gebären dann
Wenn Prag schon gestorben ist

Neunzehnhundertachtundsechzig
Tropfen von Essig
Auf meinen jungen Lippen doch der Tau
auf den Blüten noch unversengt

Die Achtziger

Die Tänzerin

Du sagst mir, ich hätte meine Wurzeln
verloren und das ist wahr.
Mehr noch – im Land, wo ich lebe, höre
ich nicht das Anreissen der
Gitarrensaiten.
Und wenn wir schon von den Bäumen
reden: Ich kenne keinen, der zorniger
und besser all diese Bergrücken
bedeckt, als jener alte Olivenbaum in
Andalusien.
Wie also wollt ihr mich herumbiegen.
Meine Rädchen an den Füssen tragen
mich fort. Die Wurzeln hindern euch,
über den eigenen Schatten zu springen.
Doch mich lassen die Rädchen immer
neue Heimaten finden.
Das Mädchen zieht die Vorhänge zu und
lacht mit den Zigeunern.
So ist das companyeros!

Rendezvous

Schon Sommer
Und die Sehnsucht erschöpft sich
In sekundenschnellen Herzschlägen
Wenn du mir einfällst
Der Brief
Den du nicht schriebst
In meinem Kopf
Und der letzte freie
Sommer vor dem Fenster
Überlege ich die Zukunft
Sag nichts
Wenn du kommst
Endlich
Schweig und gib mir den Kuss
Dann lass ich dich gehen
Vielleicht

Traurigkeit

Der Wind streicht durch die
Schilfmatten
Ein Kamm fällt mir aus dem Haar
Da oben fliegst du hin
Um am Ontariosee zu fischen
Ich versuche
Die Neige des Sommer mit Hingabe zu
kosten
Die Wärme
Die du mich vermissen lässt
Du
Über mich gekommen
Wie der 1. August über die Schweiz
Verhalten
Aber mit ungezählten Höhenfeuern
Glut zurücklassend
Und die Frage
„Warum-zirpen-die-Grillen"

Abschied

noch bist du da

abschied hängt über dir und mir

ich

das kind

du

der bunte luftballon

dreht sich schillernd

steigt auf

über den tautropfen

die

tränen sind

Jahreszeiten

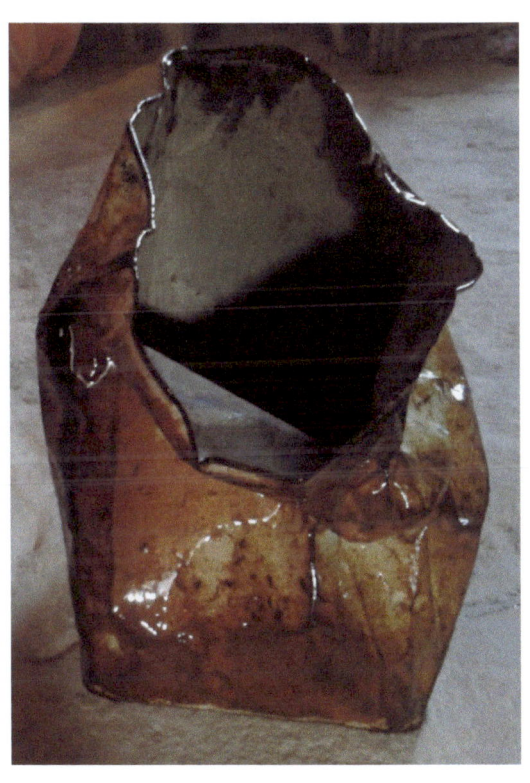

Rembrandtsches Helldunkel

Solche Frühlingsmorgen in Bläue und
Silber

lassen die Füsse tanzen und beschwören
ein leises Seelenrauschen

doch bald der Sommer
dann der Herbst

 Ist doch aber von grosser Traurigkeit
dieses grüne Grün der Wiesen und

das Schwarz der sterbenden Tannen
Kaum dass die Vögel singen

obwohl sie wissen
ihre Bleibe ist nicht hier

Andalusien auch dein Himmel ist blau
aber die Wiesen gelb

Frühling

Wann

Wenn nicht jetzt

Alles stehen und liegen lassen

Wo die Nachtigall den

Frühling bejubelt

Wann

Wenn nicht jetzt gerade

Gott der Reisenden

Langsam

bekennen die Bäume Farbe

Und mir geht es

wie jedes Jahr

Hermes legt seinen

Arm um mich

und ich versuche

die Schwebe zu halten

La Muerte

Er ist da drüben

der Tod

Bei den Steinen und Kreuzen

Festschmaus für Wurm und Käfer

unter all den Blumen

Braune Lederstiefel trug er

bei Mario Maya's Show

Barcelona by Night

kess und verführerisch

La Caleta

Heute hab' ich einen Zwetschgenstein
ins Meer geworfen

Abgenagter Zwetschgenstein zwei
Stunden lang warf ihn die Welle mir zu

Dann hab' ich noch einen hinein
geworfen

Den hab' ich nicht mehr gesehen
obwohl die Ebbe kam

Jetzt fällt das Wetter um

Ich kotze den letzten vollen runden
Mond dieses Sommers
goldgelb in den Ausguss

Und draussen senkt sich der Herbst aus
den Lüften über die Bäume
der silberfeine Dunst nimmt zu

Die Kartoffeln sind eingegraben das Holz
will verfeuert werden
aber ich

Bin noch nicht bereit zum Sterben
oh Nein
eine Geburt steht bevor

Zweisamkeit

Ist die Spitze

des Eisbergs

ist was wärmt

an der Oberfläche

weit unten

diese tiefe Kälte

früh genug

Herbst

Ein einsames saftleeres Blatt fällt vor mir

Auf das Festgefahrene

Und zerstäubt

Die Ruine drüben viereckig grau

Eingebettet in ein Meer aus Buchenlaub

Lässt an früher erinnern

Ein einziger Rauch aus sechzig Kaminen

Das Dorf

Ein einziges Herz nur wärmt

In Luven um halb Fünf

Unter den sich leerenden Bäumen

Liegt das zu Goldstaub zerriebene

Novemberlaub

November

Eine DC-9

Silbervogel

Kondensstreifen hinterlassend

Sehnsucht

Sonne

Wärme

Ruhe

Liebe

Weisser Rauch aus Schornsteinen

Klirrendes Schattenloch

Hier

Silvester

wenn ich die augen schliesse
ist für mich der samstagabend vorbei

geöffnet
erwarte ich unvorhergesehenes

spüre ich das gewisse ungewisse
über den möglichen verlauf

wenn sie die schönen hemden anziehen
um auszugehen

um einen auszugeben
dann spüre ich nichts mehr davon

dass der letzte abend des jahres
zu ende geht

keine einkehr in die stillen tiefen
kein eintauchen in den silvester

um ihn zerrinnen zu lassen hinein
in den neujahrsmorgen

Andeutung

Ich sehe sie nicht

Weil sie nicht auf dem Kirchturm sitzt

Ich höre sie triumphieren und spüre

Wie sie mir den Schleier

 der winterlichen Wehmut

Vom Herzen reisst

Die erste Amsel

Und der uralte Apfelbaum

Ob er es wohl noch einmal schafft?

Winter

Der Winter streicht sich die müden

Strähnen aus dem Gesicht

Ein bleierner Ozean schlägt

schmarotzend ans Ufer

Reisst Stück der Bretagne mit sich und

ich möchte mit dir

Wilde Erdbeeren pflücken atmen den

Duft von weissem Holunder

Darin dein Name eingehüllt

Stadt

Wien

Mindestens eine Million Gedanken habe ich diese Woche gedacht, während soeben der Pferdedroschker, Fiaker genannt, unten die Burggasse herauf kutschiert, während Sommergewitter den Asphalt schwärzen und die ausgetrockneten Felder laben.
Auf der Kreuzung vorne, verkehrshemmend, Tag und Nacht die Bauarbeiten für die U-Bahn vorangehen und das Rasseln der Kompressoren die Luft zerschneidet.
Während Wiens Millionen durch die alten Gassen und Pärke schlendern, aus geöffneten Kaffee- und Gasthäusern Rauch, Musikfetzen und Stimmengewirr dringen, hängen die ewigen Kämpfer für eine bessere Welt:
Antiatom Pro Natura
und Wasweissichalles

Morgens um zehn noch fröhlich in ihren Matratzen, „make love not war" und die Elite reflektiert beim Frühstück über das Wesen der Kunst und die Beziehung derselben zur Oekologie und ich habe mindestens eine Million Gedanken gedacht.
Und es ist nicht die Glocke des Stephansdoms, die jetzt gerade in mein Bewusstsein läutet und auch nicht diese eine Schwalbe, die mir den Sommer macht.
Tänze im Universitätssportzentrum werden zu Bockssprüngen und Saltos, feuerrot, erinnern an la muerte, wes das Herz voll ist, des geht der Mund über sagt das Sprichwort, was dann.
Ist das Herz wirklich voll aber die Lippen stumm, keine Zeichen erregen die Welt und zu Rachel Carson muss ich sagen: Gab es einmal Silent Spring, wie kann der Sommer da noch sprechen und wer erntet im Herbst welche Früchte…

Da, wo ich verstumme fängt die
Endlösung an und der Raum, Behälter
meiner Gedanken, zerfliesst wie auf
Löschblatträndern hinein in die
Erinnerung.
Götterschmerzen las ich gestern auf
einem Plakat, nur dies und die Wirkung,
Blau auf Gelb, blieb nicht aus.
Da sind immer noch diese
Kompressoren, denn an den
Sonntagmorgen erinnerte nur die
Glocke, die nicht vom Stephansdom
war.
Vorhin.

Toskana

Weil ich eine zitternde Silberpappel

Vor dem Fenster habe

Die meine Zypresse ist

Tauche ich ein in toskanisches Land

Und finde mich in Gemälden

Italienischer Meister wieder

Weil der wild duftende Holunderstrauch

Meine Bougainvillea ist

Ertrinke ich in der Lust

Um Jerichos Blütenpracht

Ignoriere ich die Trostlosigkeit

Von Zürichs Hinterhöfen

Monatelang

Januar

wie kein zweites mal

dieses erste mal

und die zweige der

uralten linde fächeln

haar um mein gesicht

durch das gitter dieses vorhangs

zwei fragende blaue

augen und das lächeln

des augenblicks

Februar

und vorgestern noch

regentropfen zum ersten mal

seit langem

du in canossa

jetzt gerade

meine hände flach

liebkosen deine buchstaben

im team

egal was da steht

tausende davon

jeder einzelne eine zelle

aus dir und du

in canossa

jane und die schale

aus der ming dynastie

hier

ein fetter braten auf dem teller

prosa im regenschatten

meiner lärchen

heute

in tiefem schnee

März

glück

ist wie zucker

oder eiscrème

der rest ist traum

und das leben

der kampf drum rum

April

wetterwendisch unversöhnlich

zartschmelzend blau

ein gefährlicher kerl

mit grobem geschütz

und pastellrosa schleife

und täglich dasselbe

türöffner zweiter treppenabsatz

ampel grün und los

die ganze kolonne

bahnhof wiedikon

und auch morgen wieder

türöffner diesmal von aussen

zweiter treppenabsatz

die vierzigtönner ziehen an

los von rom

nicht nur im april

das tearoom

 hat heraus getischt

faisal an der expressbar

vielleicht im mai

Mai

Die neuen Kometen

ein Schweifwurf Kerosin

ins Blaue

Über dem grünen

maiengrünen Grasgrün

knöchelhoch

Vogelhochzeiten

dazwischen im frischen

buchengeästeten Blätterdach

Tirili Tirila

Du & Ich

Zwei Herzen da

Juni

meine haut ist dünn geworden

dünn und alabastern

die hitze lastet

von draussen

asphaltische

zeitbomben

und die flatternde seele

taumelt von hoch zu tief

kein messer zu stumpf

nicht auch noch zu ritzen

und keine nacht lebenswert

ohne dich

Juli

vielleicht ist die gewohnheit das

was die leidenschaft zerstört

aber

vielleicht ist sie das

was glück bedeutet

und

vielleicht errötet der abendhimmel

weil er genauso denkt

August

augustlang feurigrot
durch den Innenhof gestöckelt

hinein
in den September

 viele zeilen treppauf vergessend
was vorher noch war

heissfeurige augustwolken aus der
sahara über die Alpen gleitend

leeren von ihrer wärme über uns aus
und färben die gletscher hoch oben

September

was sind schon

fünf buchstaben im

alphabet

ein sandsturm in den

augen

ein windhauch im

haar

gebüschelt du zerzaust

strähnen im gesicht

feuer im ofen

auf heissen kohlen

tanzen mit geschundenen

füssen

das ist liebe

eine investition

die sich lohnt

man geht zum mond

Oktober

Laubraschelnd

stadtzürcherischen Asphalt

abmetern

In der Hosentasche

fest zerknittert

das braune Hundesäcklein

Eine saubere Stadt

komm mein Hündchen

wir haben das trainiert

Ein Lächeln links

eines rechts

in dürre Gesichter

Herbstsinfonien rundum

goldbraun belaubt

im Ohr Samstagsglocken

November

Kreise über Kloten

Silbervogel

der dich trägt

Schnittrot im Herzen

Liebe

die dich trägt

Dezember

Es gibt Dinge, die sind unverwechselbar

Du

zum Beispiel

Es gibt Dinge, die sind undenkbar

Kisten

wie unsere

Aber sie geschehen trotzdem

es ist das Leben

es fordert

Es fordert uns heraus

lässt und hängen und stehen

will sich davon machen

Auf warmen Socken

barfuss im Regen

im Schnee

Es bleibt

die Strenge einer Bindung

für immer

das Herzklopfen dabei

ein Danke für "Helfeneinander"

das Gefühl dabei

Land

Glück

der faden

an dem sich die spinne abseilt

weder seide

noch samt

sondern

hauchdünn hingegossener nebel

am frühen herbstmorgen

dazu da

von der sonne aufgefressen zu werden

sich ins kühl der tannen flüchtend

um kurz verborgen zu sein

hauchzart

am stacheldrahtzaun hängen geblieben

ein unwirklicher fetzen im abendwind

zu fein

um sich daran hochzuziehen

Vor dem Gewitter

Billionen von Fallschirmchen

Über den Wiesen jetzt

Verblühter Löwenzahn

Dichtgraues Wolkengedräue

Fährt mit ruppigen Winden

In die Gräser

Wirbelt auf was kurz erblühte

Und lässt erschauern

Aber die Fallschirmchen fliegen fliegen

Ätzender Stallgeruch holt Erde her

Und die samtpfotenbraune Hexe lässt

Ihren Besen fallen

Da hängt doch Chopin in der Luft

Sphärische Streichelpartien

Wie Honig aufs Brot

Sevgein

Mit dem fallenden Abendlicht

Erscheinen die Krähen

Kreise ziehend

In Scharen

Und setzen sich kreischend

Auf die erloschenen Bäume

Die Nacht sinkt bleiern und reglos

Auf die Mauersteine

Am Aufgang zur Kirchentreppe

Balkonszene

Ich pflücke mir die Sterne

Wie wilde Rosen vom Abendhimmel

Um aufblickend zu erkennen

Dass ich einmal mehr

Der Illusion erliege

Melancholie

Wenn ich diesen Sommer sehe und die

Leute die fragen, ob Lebenslust rentiert

Dieses Dorf, dessen Schwärze die

Freude verdunkelt

Diese Idylle

Die längst nicht mehr stimmt

Wenn ich bedenke

Dass die Steine die ich mir in den Weg

Lege

Aus Meteoritenstaub sind

Und auch die Lerche

Die mir den Morgen versüssen will

Wenn ich gegen den Strom schwimme

Um festzustellen

Ob da überhaupt Wasser ist

Und fühle

Dass Küsse nicht mehr aus Honig sind

Und das Wasser tot

Relation

während dem

ich mir selbst über den kopf hinaus

wachse

gleichzeitig

oben und unten bin

verliert die tigerlilie ihre staubbeutel

konzentrierst du dich auf haut

während dem

die worte noch im halse stecken

sich überschlagen und herausdrängen

hängt der mond wie ein hufeisen

am himmel

Radio

Takte eines Schlagers

prallen auf die

Empfindungen dieses Morgens

Knopfdruck

Liebe vielleicht

ein leichter schatten auf meiner seele

hellgrau, dunkelgrau vielleicht

das bist du mein schmetterling

leicht, weil ich dich zerdrücke

leicht, du kannst mich nicht beschützen

leicht, zu leicht

flieg, bevor die flügel knittern

entfalte dich und sei

sag nicht auf wiedersehen

Griechischer Tango

während dem sich evangelos noch
mit dem tango misirlou dreht
höre ich deine worte
von sehr fern und
ich weiss
dass es für mich vorbei ist
ehe es bei dir begann
die kretischen bilder in mir
zerfliessen zu comics
und mein lächeln ist noch von früher
mensch halte mich bevor
mich das knossische ungeheuer verdirbt
du sprichst noch immer und
ich verliere dich ohne dein wissen
deine griechischen bilder
sind noch intakt

Altmodisch

Das Modernste was es gibt

Globalisierung pfffff...

Im Kleinen blüht die Rose

Küssen sich Lippen

Baut der Webervogel sein Nest

Bin ich Ich

Bist du Du

Small Is The Beauty

Einer verrückt gewordenen Welt

Und nicht überall Alles und Gleiches

Aber an vielen tausend Orten

Viel Verschiedenes

Elvana Indergand, geboren in Hohtenn VS, an der Lötschbergsüdrampe ist Eine mit Rädchen an den Füssen. Es reicht nicht zum Wurzeln schlagen, aber immer, um Spuren zu hinterlassen.

Von ihr erschienen zuerst Gedichte 1977 im Zytglogge Verlag. Danach viele Beiträge in Anthologien, Jahrbüchern, Zeitungen und Zeitschriften. Zuletzt der Roman „Amr Rabiah" 2015 und der Band „Wüstenwind" 2016 beide bei BoD.

www.elvanaindergand.jimdo.com
www.queenofsabaventures.com